L'homme aux bottes des hautes eaux

Francis Hopkinson Smith

Writat

Cette édition parue en 2023

ISBN : 9789359254739

Publié par
Writat
email : info@writat.com

L'HOMME AUX BOTTES DES GRANDES EAU

Par F. Hopkinson Smith

L'HOMME AUX BOTTES DES GRANDES EAU

Par F. Hopkinson Smith

1909

De temps en temps, au cours de mes diverses rôdures , j'ai rencontré un homme doté d'une personnalité ; un avec un équipement mental, une dotation cardiaque, un oubli de soi et du charme – le genre de charme qui vous rend heureux quand il vient et désolé quand il part.

L'un d'entre eux était un chien de mer au grand torse, au dos droit, aux yeux clairs et à l'âme pure, avec des bras en caryer, des doigts d'acier et un cerveau en contact instantané avec un bouton marqué « Expérience et Pluck ». Un autre était un Vénitien insouciant, pieds nus, qui portait un chapeau Leporello incliné sur un œil et une ceinture écarlate autour de sa taille fine et galbée, et dont les dents de maïs brillaient et brillaient tandis qu'il tordait sa moustache ou envoyait des baisers à la jolie . des cordons de perles traversant le Ponte Lungo . Un troisième encore était un petit Irlandais aux cheveux roux, au visage scié et aux taches de rousseur, qui conduisait un taxi à travers les brouillards de Londres en hiver, plaçait ma barque parmi les nénuphars en été et accrochait du papier peint entre temps.

Ceux-là, je les connaissais et *les aimais* ; même maintenant, les coques de mon cœur se réchauffent quand j'y pense. D'autres que je connaissais et *aimais* ; la différence étant simplement une question de personnalité.

Cette fois, c'est un peintre qui croise mon chemin, un simple garçon de trente-deux ou trois ans, tout garçon de cœur, de tête et de pinceau. Je l'avais aperçu à New York, quand il « soufflait » (aucune autre expression n'exprime son mouvement) là où ses tableaux étaient accrochés, et encore à Philadelphie quand de la glace pilée et un mélange rendaient le tout agréable pour tout le monde, mais Je ne l'avais jamais examiné sous ses quatre faces jusqu'à l'été dernier.

Nous étions alors à Dives, déjeunant dans la cour ouverte de l'auberge, tous trois, lorsque la conversation dérive vers le jeune peintre, sa vie dans son vieux moulin près de l'Eure et ses succès au Salon et ailleurs . Notre hôte, le Sculpteur, était descendu dans son automobile – un tigre accroupi, long, bas et à double articulation – une machine de quarante puissances diaboliques, ne craignant ni Dieu ni l'homme, et qui est vouée tôt ou tard à un arrêt prématuré. fin et le tas de ferraille.

Tout autour, bordant les tables à thé et remplissant l'air d'été de leurs bavardages et de leurs rires, étaient rassemblés non seulement la crème, mais les plus beaux écrins de toute la mode et de la folie de Trouville, à vingt minutes d'ici, heure de l'automobile, leurs chapeaux fleuris, des parasols à part entière et des voiles roses et blancs ajoutant un autre parterre de fleurs à la vieille cour pittoresque.

Avec le retour de l'Homme du Quartier Latin, son autre invité, qui connaissait les tenants et les aboutissants de la cave, et qui était parti à la recherche d'un certain millésime connu seulement des initiés (n'oubliez pas de le demander lors de votre visite). allez-y, il n'y a pas d'étiquette, mais le bouchon est scellé avec de la cire jaune; M. Ramois , le bon propriétaire, saura de quel genre, *s'il le croit*), notre hôte, le Sculpteur, pense toujours à son ami le peintre, leva les yeux et dit, en attrapant le tire-bouchon :

« Pourquoi ne pas y aller demain ? Le moulin est la chose la plus pittoresque que vous ayez jamais vue : une vieille maison et un moulin Louis XIII sur la rivière Rille , près de Beaumont-le-Roger, autrefois habité par le poète Chateaubriand. La rivière coule sous terre dans le sable sur une certaine distance et débouche à quelques kilomètres de Knight's – froide comme la glace et claire comme du cristal et remplie de truites. En plus, Knight est chez lui ; il a reçu une ligne de lui ce matin.

L'Homme du Quartier posa son verre.

"A quelle distance est-ce?" Cet homme est tellement fou en matière de pêche qu'il est connu pour embrasser la première truite qu'il attrape au printemps.

"Seulement cinquante-six milles, mon cher garçon, tu écraseras en une heure."

"Et tout ce qui gêne", dit l'Homme du Quartier en rapprochant son verre du coude du Sculpteur.

"Cela ne présente aucun danger - j'ai une sirène que vous pouvez entendre à un kilomètre et demi - mais en réalité, ce n'est qu'un pas."

Un jour, j'ai glissé dans une mine de sel avec un pantalon d'été et j'ai grandi dans l'obscurité totale (une aubaine dans ces circonstances). Je frémis encore quand je pense à la vitesse ; de la façon dont mes cheveux ont essayé de quitter mon cuir chevelu ; du clignement particulier de mes yeux ; des heures qu'il a fallu pour vivre quarante secondes ; et de ma dernière halte au milieu d'un Allemand au visage lunaire et au ventre rond qui était payé une note pour avoir sauvé les os et le cou d'idiots comme moi.

Cette fois, la glissade s'est effectuée avec un pardessus (même si le soleil d'été était flamboyant), une casquette de bateau et une paire de lunettes. Il y eut d'abord un chuggetty - chug frissonnant, comme si la bête se détachait. Puis un bruit comme l'ouverture d'un verrou dans une cage de fer, puis l'auberge de Guillaume le Conquérant, le village-plage, la crique, la mer large, coulait derrière comme un panorama couru à haute pression.

Le premier coup fut le long de la mer, un tourbillon dans Houlgate , une course folle à travers le village, des chiens et des poules courant pour sauver leur vie, et de nouveau avec la course mortelle d'une oie sauvage tardive se précipitant vers un climat du sud. Notre hôte était assis à côté du chauffeur, qui ressemblait au démon dans un ballet avec ses lunettes et sa calotte. L'Homme du Quartier et moi étions accroupis sur les sièges arrière, les yeux rivés sur le virage de la route devant nous. Ce que nous avions laissé derrière nous, ou ce qui pouvait se trouver de chaque côté de nous, n'avait aucune importance ; ce qui arrivait autour de ce virage lointain à un kilomètre et une minute d'intervalle était ce qui nous troublait. Le démon et le Sculpteur étaient aussi calmes que le capitaine et le second sur le pont d'un paquebot par un vent violent ; l'Homme du Quartier regardait fixement devant lui ; J'avais trop peur du paysage et trop fier pour demander au sculpteur de ralentir, alors j'ai pensé à mes péchés et j'ai murmuré lentement : « Maintenant, je m'allonge. »

Lorsque nous arrivâmes au sommet de la dernière colline et que nous eûmes engagé la large autoroute droite menant à Lisieux, le Sculpteur parla au démon à voix basse, fit quelque chose avec son pied, sa main ou ses dents - tout ce avec quoi il pouvait pousser, tirer. , ou la morsure était occupée - et la machine, comme frappée par un fouet, sauta dans l'espace. Arbres, clôtures, fermettes, meules de foin, chariots bâchés, enfants effrayés, chiens défilaient désormais en contours flous ; dix milles, trente milles, puis une ribambelle de villages, parmi lesquels Liseau , la sirène hurlant comme une âme perdue qui sombre dans la perdition.

« Surveillez la route à droite », soufflait le sculpteur entre ses respirations ; " C'est là que le prince égyptien a été tué — " ceci par-dessus son épaule — " un tramway l'a heurté — on voit le trou dans la banque. J'ai parcouru ce dernier kilomètre en soixante-cinq secondes – j'en ai parcouru cinquante-neuf maintenant – faites attention à ce carrefour – « Wow-wow- oo – wow-wow » » (sirène). « Merde, ce chariot de marché – 'Wow-wow-oo-wow.' » « Ralentissez, ou nous serons sur cet âne – je viens de le frôler. Je ne peux pas dire ce que fera un âne quand une fille le conduit. 'Wow- oo -wo—.'

Montons maintenant une longue colline, descendons dans une vallée – la route s'étend comme un morceau de ruban blanc – devant les écoles, les granges, les jardins maraîchers ; dans des bois denses, jusqu'à des plaines plates dépourvues d'arbre - une course folle, diabolique et brutale, avec les yeux de tous rivés sur le virage de la route devant nous, qui toutes les demi-minutes faisait un écart, se redressait, faisait un autre écart ; tantôt bloqué par des arbres, tantôt s'ouvrant, pour ensuite se fermer, se tordre et se tortiller à nouveau. Très amusant, jouer avec la mort, sachant que derrière n'importe quel buisson, au-delà de chaque crête de colline et autour de chaque courbe, il peut surgir quelque chose qui transformera votre machine en un tas de déchets et vous enverra à Ballyhack !

"Encore une colline", souffla le Sculpteur en essuyant la poussière incrustée de ses lèvres. Woo- oo -wow-oo (infirmière avec une poussette cette fois, courant dans les buissons comme un lapin effrayé). « Voyez le ruisseau du moulin : c'est lui qui brille au soleil ! Vous voyez le toit du moulin ? C'est celui d'Aston Knight ! Abaissez les freins ! Au total, cinquante-six milles en une heure et vingt-deux minutes ! Pas mal!"

Je m'élançai — l'Homme du Quartier aussi — l'éclair du ruisseau du moulin luisant au soleil lui avait fait picoter le sang ; quant à moi, aucune porte d'abri n'avait jamais paru aussi accueillante.

"Marie! *Marie!* Où est monsieur ? s'écria le sculpteur depuis son siège à côté du démon.

"En haut, je pense", répondit une grosse femme aux cheveux gris et aux joues roses, s'essuyant les mains et les bras avec son tablier tout en parlant . Elle s'était mise à courir depuis le bord du ruisseau derrière la maison, où elle faisait sa lessive, lorsqu'elle entendit le cri de la sirène, mais la machine s'était arrêtée avant qu'elle puisse atteindre le seuil de la porte.

« Il est sorti tôt, mais je pense qu'il est de retour maintenant. Entrez, entrez, vous tous. Je suis heureux de vous voir – il le sera aussi.

Marie était cuisinière, femme de chambre, valet de chambre, mère, médecin et bien d'autres choses encore chez chevalier ; tout comme dans le village de l'autre côté du ruisseau où elle vivait - ou plutôt dormait la nuit - elle était afficheuse, sonneur de cloches et crieur public, sans parler du fait qu'elle était mère de onze enfants, tous ses propres - Knight étant le adopté le douzième.

"Le moulin pourrait aussi bien être sans eau que sans Marie",
dit le sculpteur. "Attends de goûter sa truite au four, le chef du
Voisin est un imbécile à côté d'elle." Nous avions tous serré la
main de la chère femme et l'avions précédée dans la salle carrée
remplie de chevalets, de toiles fraîches, de tableaux suspendus
à des crochets pour sécher, de pots de pinceaux,
d'imperméables, de porte-échantillons de chapeaux, etc.

Pendant tout ce temps, la bête dehors reniflait comme un
cheval de course reprenant son souffle après une course, le
démon marchant devant lui, examinant ses dents, ou sa
bouche, ou ses yeux, ou tout ce qu'on examine quand on va
fouiner devant lui. de celui-ci.

Montez les escaliers étroits, maintenant en file indienne, et
entrez dans une chambre – évidemment celle de Knight –
pleine de toiles, de costumes de croquis, de cannes à pêche et
de moulinets tapissant les murs ; puis dans une autre –
évidemment la chambre des invités – toutes dentelles,
cretonne, coffres sculptés, meubles Louis XVI, rares portraits
anciens et fauteuils, le Sculpteur ouvrant tour à tour chaque
armoire en grommelant : « Comme lui pour essayer de tromper
nous », mais aucune trace de Knight.

Alors le sculpteur ouvrit une fenêtre et sortit la tête, faisant
ainsi apparaître plus clairement une étendue de prairie bordée
de bosquets de saules ombrageant le ruisseau impétueux en
contrebas.

"Louis! *Louis!* Où diable es -tu, espèce de brute de peintre ?

Il y eut un halloo – faible – en aval.

« Le mendiant travaille quelque part dans ces buissons, et on
ne pouvait pas le faire sortir avec de la dynamite jusqu'à ce que
la lumière change. Venez!"

On ne sait pas à quoi un peintre d'extérieur se soumettra
lorsqu'un enthousiasme incontrôlable l'emportera, pour ainsi
dire. J'ai moi-même à peine tenu le coup (et au bout d'un an
aussi) sur la plus haute marche d'un pont bondé à Venise, au
milieu d'une foule enthousiaste lors d'une régate, où j'ai utilisé
le dos de mon gondolier comme chevalet, et encore une fois,

il y a des années, je m'accrochais au quai d'une gare surélevée pour tenter de saisir, entre les jambes et les corps de la foule pressée, les contours de la toile d'araignée reliant les deux villes. J'ai également observé d'autres peintres dans des positions tout aussi inconfortables (c'est-à-dire des peintres d'extérieur ; pas des types chauffés à la vapeur, dans des fauteuils confortables, avec des notes au crayon ou des photos à copier) mais c'était la première fois de toute leur vie. mes expériences variées, j'ai jamais vu un peintre se tenir debout jusqu'aux aisselles dans un moulin au courant rapide ou dans tout autre type de cours d'eau, l'eau se brisant contre son corps comme un rocher s'abat sur un torrent, et il travaillant comme un fou sur un 3 x 4 attachés à une immense échelle suffisamment haute pour escalader le toit du moulin.

« Du poisson ? » cria l'Homme du Quartier.

« Oui, l'un d'eux se tortillait autour de mes genoux maintenant – je l'ai expédié il y a une minute – le pied a glissé. Je suis très heureux de vous voir. Restez où vous êtes jusqu'à ce que j'obtienne cette lumière.

« Reste où je suis ! » beugla le Sculpteur. "Pensez-vous que je suis Saint-Pierre ou une grue aux longues pattes qui..."

"Très bien, j'arrive."

Il avait maintenant saisi les deux côtés de l'échelle et, la tête dans l' *entrejambe* , il glissait sur le rivage, l'eau jaillissant du haut de ses bottes.

"Secouer! C'est vraiment gentil à vous, les gars, d'être venus me voir. Tiens, tailleur de pierre, aide-moi avec ces bottes. Marie va déjeuner. Ne touchez pas à cette toile, tout le travail de ce matin, je dois travailler tôt. (Cela me semblait être une image terminée.)

Il était maintenant à plat sur l'herbe, les jambes en l'air comme un acrobate prêt à équilibrer un globe, l'eau coulant de ses cuissardes, trempant le reste de lui, nous nous éloignions tous les trois - moi à sa tête, le Sculpteur. à ses pieds. Je ne pouvais pas dire comment Marie avait pu l'aider à se tortiller pour sortir de son scaphandre.

Nous étions maintenant partis vers le moulin, l'homme du quartier traînant les bottes, espérant toujours qu'il y aurait peut-être une part de vérité dans l'histoire de la truite, le sculpteur avec la palette (grande comme un plateau à thé), le chevalier avec l'échelle et moi. avec la toile mouillée.

De nouveau le cri retentit : « Marie ! *Marie!* » et de nouveau la vieille femme se mit à courir – vers la cuisine cette fois (elle avait attendu ce halloo – il arrivait généralement mouillé) – réapparaissant alors que nous atteignions la porte du hall, son tablier plein de vêtements balayés d'un séchoir. une file d'attente tendue devant la grande cheminée qui englobe tout. Elle les emporta devant nous à l'étage et les déposa sur le petit lit en fer dans la chambre du peintre, Knight juste derrière, ses chaussettes mouillées laissant les empreintes de l'homme du vendredi au milieu de chaque marche bien lavée. Une fois là-bas, Knight s'est faufilé dans un placard, s'est détaché et est ressorti avec la moitié du tablier de Marie couvrant sa poitrine et ses jambes.

Il était facile de voir où résidait la puissance de son pinceau. Aucun coup timide, incertain ou agaçant n'est jamais venu de ce torse, de cet avant-bras ou de cette cuisse. Il taillait avec une large hache, pas avec un ciseau, et il taillait fidèlement : c'était là sa joie. Les hommes du temps de Meissonier, comme les vieux Hollandais, travaillaient à partir de leurs articulations. Ces nouveaux peintres, dans leur nouvelle technique – nouvelle pour certains – ancienne en fait, comme celle de Velasquez et Frans Hals – font osciller leurs pinceaux depuis leur colonne vertébrale jusqu'à leurs avant-bras (les biceps de Knight mesurent dix-sept pouces) et sortent par le bout de leurs doigts, avec quelque chose du rythme et de la force d'un forgeron d'autrefois soudant un pneu. Des poitrines larges, de grosses chaudières, des bras forts, des jambes droites et une colonne vertébrale raide ont beaucoup à voir avec le succès dans la vie – plus que ce que nous leur attribuons. Au lieu de mesurer la tête des hommes, il serait tout aussi bien, de temps en temps, de passer le ruban autour de leur poitrine et de leur taille. La vapeur est ce qui fait tourner les roues, et la vapeur est un carburant bien digéré et un endroit où le mettre. Avec cet équipement, un homme peut mettre du « GO » dans son entreprise, de la force dans sa littérature, de la virilité dans son pinceau ; sans cela, il pourrait réussir à vendre des bobines de coton ou des bobines, écrire des poèmes roses pour la multitude et recouvrir des panneaux de bois de cardinaux et de dames de haut rang ; en véritable satin et en dentelle réaliste, mais aucune partie de sa production ne coupera le souffle à un homme.

Soleil, fleurs, fenêtres ouvertes laissant entrer les brises fraîches des prairies et des ruisseaux ; un vieux plafond aux poutres apparentes, bruni par la fumée d'innombrables tuyaux ; des murs couverts de croquis de chaque coin et recoin autour de nous ; une table pour quatre, remplie de melons, de raisins, de fromage et flanquée de bouteilles de dix quilles tout juste sorties du ruisseau ; bonne camaraderie, harmonie des idées, courage des convictions, sans têtes gonflées à une taille anormale ; quatre appétits, des appétits énormes et prodigieux ; Chevalier pour hôte et Marie pour grande chambrière , faites le festin de Lucullus et les goûters de Cléopâtre mais autant de déjeuners rapides servis aux heures de pointe d'un restaurant du centre-ville ! Non seulement la crème de truite au four (spécialité de Marie) était tout ce que le Sculpteur avait réclamé pour eux, mais le poulet frit, les soufflés, tout ce que servait en fait la chère femme, auraient gagné un ruban bleu si elle l'avait rempli. la plaque de tout membre du comité décernant le prix.

Avec le café et les cigares (on fumait des cigarettes à chaque plat, c'était un genre de festin), les quatre bouches respiraient.

Jusqu'alors, le discours avait été un jeu saccadé entre deux bouchées :

"Oui, j'ai failli écraser un âne, je m'en fiche si je le fais, non, pas de sauce" (Sculpteur). «Laisse-moi mettre une bulle supplémentaire dans ton verre» (Chevalier). «Ces poissons sont aussi fermes que la truite des Adirondacks» (Man from the Quarter). « Plus de crème, merci. Marie!" (Chevalier, bien sûr) « plus de beurre ». « L'âne n'était pas la seule chose qui nous a manqué : il a frôlé une poussette et... » (Scribe). « Je vais essayer un ibis rouge après le déjeuner et un meunier pour une

mouche à queue – passe le melon » (L'Homme du Quartier) :
Ce genre de conversation précipitée sans début ni fin logique.

Mais maintenant, chaque homme disposait d'une chaise confortable et la remplissait d'épaules cachées au plus profond de ses vastes profondeurs et de jambes tendues, seuls les bras et les mains étant suffisamment libres pour être à portée du coffre-fort et des verres à dé à coudre. Et avec la facilité et le confort de tout cela, toutes les discussions elles-mêmes ont ralenti à un rythme plus en harmonie avec cette paix qui dépasse toute compréhension – à moins que vous n'ayez une place à table.

Les maîtres de l'école de plein air étaient alors convoqués, leurs mérites discutés et leurs défauts martelés : Thaulow , Sorolla y Bastida , la nouvelle merveille espagnole, dont l'exposition le mois précédent avait étonné et ravi Paris : l'école de Glasgow ; Zorn, Sargent, Winslow Homer – tous les hommes de l'école directe et énergique, des hommes qui brandissent leurs pinceaux depuis leur colonne vertébrale au lieu du bout de leurs doigts – ont été tailladés et transformés en viande hachée ou exaltés vers le ciel. Puis les « patty-pats », avec leurs petites touches de jaune, de bleu et de rouge, à l'imitation du maître Monet ; les « slicks and slimies » et les « Woollies » – les hommes qui essayaient le vague, le mystérieux et l'obscur – furent installés et renversés les uns après les autres, comme c'est la coutume chez tous les groupes de peintres du monde entier lorsque le L'interminable question de technique est jetée au milieu de l'arène.

Le travail en plein air est ensuite passé en revue, ainsi que les inconforts et les difficultés qu'un peintre doit traverser pour obtenir ce qu'il recherche, l'homme du quartier défendant les gars assis près du feu.

"Inutile de faire de vous un plongeur sous-marin, Knight," grogna-t-il. "Allez le regarder, puis rentrez à la maison, peignez l'impression et mettez-y quelque chose de vous-même."

Knight rejeta la tête en arrière et rit. "Je préférerais y mettre le ruisseau, tout entier."

"Mais je ne vois pas pourquoi il faut être trempé jusqu'aux os à chaque fois qu'on veut faire un croquis."

"Le trempage est ce qui aide", répondit Knight en cherchant une allumette. « J'aime avoir l'impression d'en boire un peu . Ensuite, lorsque vous êtes en plein milieu de tout cela, vous ne prenez pas de airs et essayez d'améliorer ce qui est devant vous et de le gâcher avec des détails. Une fossette sur la joue d'une fille est charmante ; deux... et vous faites venir le médecin. Et elle est si simple quand on la regarde en face — je parle maintenant du ruisseau, pas de la fille — et il est si facile de la rabaisser telle qu'elle est, non seulement à cause de sa forme et de sa couleur, mais de l'ambiance dans laquelle on la *trouve* . son. Un ruisseau est vraiment pire que votre meilleure fille dans les changements éclairs qu'elle peut subir — rire, pleurer, coquetter — au gré de son humeur. Là, par exemple, au-dessus de votre tête, il y a un « jour gris » — et il a montré l'un de ses croquis à l'eau courante punaisé au mur. « J'ai essayé de lui remonter le moral un peu avec des touches de tons chauds ici et là — tous des mensonges — du même genre que celui que l'on raconte à sa propre nana quand elle est bleue — mais elle n'a pas voulu et a pleuré devant elle pendant quatre heures jusqu'à ce que le soleil vienne. dehors; mais j'avais fini à ce moment-là et je débarquai à gué. Vous pouvez constater par vous-mêmes à quel point elle était malheureuse. Il parlait comme si le croquis était vivant — et c'était le cas.

"Mais je travaille toujours à l'extérieur de cette façon", a-t-il poursuivi. « En hiver, en Hollande, je m'assois avec des fourrures et des sabots en bois, et je dois souvent mettre de l'alcool dans mes gobelets d'eau pour empêcher mes couleurs de geler. Mon grand tableau du « Torrent » — celui de la galerie d'art de Toledo — a été peint en janvier et à l'extérieur. Quant au travail au pinceau, j'essaie de faire de mon mieux. J'avais l'habitude de chatouiller les choses que je peignais ; certains des gars de Julian y croyaient, et, dans une certaine mesure, Fleury et Lefebvre aussi.

« Et quand en as-tu surmonté ? J'ai demandé.

«Quand mon père m'a persuadé d'envoyer au Volney Club un croquis audacieux, que j'avais fait pour me faire plaisir, et qu'ils ont accroché et acheté. Alors je me suis dit : « Pourquoi tailler, nettoyer et faire un joli tableau, alors qu'en peignant simplement ce que j'aime dans la nature d'une manière libre et aérée tant que dure mon enthousiasme - et il dure généralement jusqu'à ce que j'en ai fini - parfois ça se répercute sur le lendemain – je fais plaisir à moi-même et à beaucoup de gens à côté.

Nous étions tous debout à présent pour examiner les croquis – tous des études de ruisseaux – la plupart réalisés avec la même paire de bottes hautes. Personne d'autre que le regretté Fritz Thaulow ne l'approche pour donner la réalité de ce sujet des plus difficiles pour un peintre de plein air. Les vagues de l'océan se répètent dans leurs ondulations et leurs vagues et, en les observant de près, un peintre a souvent l'occasion d'utiliser son « deuxième baril », pour ainsi dire, mais la face renversée d'un ruisseau indiscipliné n'est pas seulement teintée de millions et sans fin. son expression, mais si sensible dans ses reflets que chaque nuage et chaque tache bleue qui passe au-dessus de lui l'attriste ou l'égaye.

« Oui, peindre à l'eau suffit à vous rendre fou », s'écria Knight, « mais je n'ai pas l'intention de peindre autre chose – pas avant des années, en tout cas . J'ai loué le moulin pour pouvoir peindre l'eau qui s'éloigne *de* toi en descendant la pente. Il me faudra de nombreuses années pour y parvenir, mais je vais tenir le coup. Je ne peux pas toujours le peindre depuis les berges, pas si je veux étudier les ondulations centrales à mes pieds, et ce sont celles-là qui sortent de votre toile juste au-dessus de votre plaque signalétique. *Je dois* y rester, je vous le dis. Ensuite, vous obtenez le dessin, et c'est le dessin qui compte. Oh j'adore ça!" Knight étendit ses gros bras et ses jambes et sauta de sa chaise.

« Vraiment, les gars, je n'en sais rien. Tout ce que je fais, c'est me laisser aller. Je *ressens toujours* plus que ce que je *vois* , et mon pinceau a donc un sacré travail à accomplir. Marie! *Marie!* »

Si la bonne femme avait été à un kilomètre et demi du ruisseau, elle aurait pu l'entendre ; elle n'était que dans la pièce voisine. « Apportez les bottes, deux paires cette fois, nous allons à la pêche. Et, Marie, est-ce que le chauffeur a mangé quelque chose ?

"Oui, monsieur."

"Quelque chose à boire?"

"Non, monsieur."

" *Quoi!* Donnez-lui ceci », et il attrapa une bouteille à moitié vide sur la table.

Je me suis précipité en avant et je l'ai attrapé avant que Marie ne l'attrape avec ses doigts.

"Pas si je le sais!" J'ai pleuré. « Nous devons retourner à Dives. Quand il me déposera dans mon jardin à l'auberge, il aura un magnum, mais pas une goutte avant qu'il ne le fasse.

Une fois tous deux partis, le sculpteur et moi nous sommes appuyés sur nos chaises et avons allumé de nouveaux cigares. Mon enthousiasme ne s'est pas refroidi pour les sports de ma jeunesse. Avec un tabouret confortable, un panier bien rempli et une longue tige articulée, je peux encore, comme beaucoup d'autres vieux peintres sérieux, prendre un plaisir incroyable à regarder un bouchon flotter, mais je n'ai pas proposé de suivre ces deux fous. . Je connaissais l'Homme du Quartier – je le connaissais depuis le jour de sa naissance – et je savais ce qu'il ferait et où il irait (par-dessus sa tête parfois) pour un pauvre diable de poisson à moitié long comme son doigt, et J'avais eu des preuves positives de ce que l'autre canard palmipède pensait de l'eau glacée. Non, je prendrais bien un peu de sucre dans le mien, s'il vous plaît, et j'en mettrais une goutte... mais le Sculpteur avait déjà prévu et prévenait alors mes besoins, alors nous nous sommes de nouveau appuyés sur nos chaises.

Une fois de plus, le discours a porté sur de vastes étendues.

"Super garçon, Chevalier", s'écria le Sculpteur dans un soudain élan d'enthousiasme envers son ami. « Vous devriez le voir gérer une foule lorsqu'il est au travail. Il connaît les Français, il ne se fâche jamais. Il a acheté un veau pour Marie la semaine dernière et l'a ramené lui-même chez lui. Il m'a dit qu'il avait dix pattes, quatre têtes et vingt queues avant de l'arriver ici. La vieille femme a perdu le sien et Knight lui en a acheté un autre – il lui amènerait un troupeau si elle le voulait. Depuis le marché, les garçons ont continué à alimenter leurs critiques. Lorsque le meneur s'est approché trop près, Knight s'est jeté sur lui avec un cri semblable à celui d'un chien . Le garçon était tellement surpris qu'il s'est enfui. Knight éclata alors de rire et, en un instant, toute la foule était devenue ses amis : deux d'entre eux l'aidèrent à faire sortir le veau de la ville. Quand un public français rit avec vous, vous pouvez tout faire avec lui. Il s'est amusé plus à ramener ce veau à la maison, m'a-t-il dit, qu'il n'en avait eu depuis des semaines, et il est merveilleux de passer un bon moment.

Puis a suivi – dont une grande partie était nouvelle pour moi – un récit de la vie antérieure et des succès du peintre.

Il est né à Paris, le 3 août 1873 ; son père, Ridgway Knight, l'éminent peintre, et sa mère, Rebecca Morris Webster, tous deux originaires de Philadelphie. Non seulement il est donc de véritable origine américaine, mais ses huit arrière-grands-parents étaient américains, remontant à Thomas Ridgway, né dans le Delaware en 1713. Ainsi, selon les lois française et américaine, il est un citoyen américain.

À quatorze ans, son père l'envoya à la Chigwell School en Angleterre, pour y être « assommé par l'art » par le cadre peu sympathique de la vieille école tranquille où le grand William Penn avait appris à lire et à écrire. Il partit en 1890, après avoir remporté le prix spécial classique, le prix des certificats d'Oxford et de Cambridge, ainsi que des prix de menuiserie, de gymnase, de course à pied et de « musculation ».

À la maison, le garçon dessinait et peignait toujours pour le plaisir, ainsi qu'à l'école pendant les demi-vacances. Quelques aquarelles réalisées lors d'un voyage de vacances en Bretagne en 1890 décident son père à lui permettre de faire carrière dans l'art. Il entre dans l'atelier de Julian, avec Jules Lefebvre et Tony Robert-Fleury comme professeurs en 1891, et étudie nu pendant les cinq hivers suivants. Son travail principal s'effectua cependant dans la campagne de Poissy et de ses environs , sous la direction de son père.

Ses expositions au Salon de Paris (*artistes Français*) furent vingt-quatre huiles et aquarelles de 1894 à 1906, obtenant une mention honorable en 1901 avec la « Tamise à Whitchurch » ; une médaille d'or, troisième classe, en 1905, avec « Le Torrent » ; et une médaille d'or, deuxième classe, en 1906, avec son triptyque « Les Villes Géantes » (New York, Paris, Londres), qui le met *hors concours* , avec la grande distinction d'être le premier paysagiste américain à obtenir deux médailles d'or au Salon. médailles pendant deux années consécutives. Il remporte également une médaille de bronze dans la section américaine de l'Exposition universelle de Paris en 1900 avec une aquarelle, et une médaille d'or d'honneur à Reims, Cherbourg, Genève et Nantes.

Ses tableaux les plus importants sont : « Le Torrent », 4 1/2 x 6 pieds, propriété de la Toledo Art Gallery ; « Le moulin abandonné », 4 1/2 x 6 pieds ; « Le bout de l'île », 6 x 8 pieds ; « Château de Clisson », 3 x 4 1/2 pieds, une aquarelle ; « Après la tempête », 3 x 5 pieds ; et « L'hiver en Hollande », 3x4 pieds.

J'avais écouté avec une attention calme le bref récit du sculpteur sur les progrès de son ami, mais cela n'avait pas changé mon opinion sur l'homme ni sur son génie. Rien de tout cela ne m'intéressait vraiment, sauf que quelqu'un d'autre que moi avait découvert les qualités de ce garçon — car pour moi, il est toujours un garçon. Aucun des jurys qui ont décerné ces prix n'a jamais regardé en dessous de la peinture, du moins s'ils étaient comme les autres jurys du monde entier. Ils ont vu la marque, sans aucun doute, mais ils ont raté la brise qui l'accompagnait — c'était vraiment sa vie — une brise qui le traversait et le sortait, soufflant côte à côte avec le génie et la bonne santé — un vent de destin. , peut-être, cela le mènera vers des climats que les autres hommes ne connaissent pas.

Mais quelle chose rafraîchissante, cette brise, qui sort d'un homme, et quelle sorte d'homme rafraîchissant qu'elle émane ! Pas de pose, pas d'effort pour remplir un chapeau n°8 avec une tête n°7 ; juste un jeune peintre simple, consciencieux, travailleur, humble d'esprit en présence de sa déesse, et débordant d'une spontanéité incontrôlable. Cela en soi valait la peine de risquer sa peau pour le voir.

De nouveau le cri retentit : « Marie ! et deux rats d'eau à moitié noyés intervinrent ; l'Homme du Quartier en sous-vêtements – sa paire de bottes fuyait et il les avait arrachées – et Knight avec les siennes à moitié pleines d'eau. Tous deux éclatèrent de rire en voyant Marie tirer sur les énormes bottes de caoutchouc blanc, le sol qu'elle avait si consciencieusement lavé éclaboussé de sable et d'eau.

Alors commencèrent les récriminations habituelles : « Sans toi, je ne l'aurais pas perdu ! "Qu'est-ce que j'avais à voir avec ça?" etc., etc. – la même vieille histoire quand aucun des deux n'est mordu.

Cette nuit-là, je me suis cogné sur les remerciements , j'ai traversé des villages sombres et j'ai roulé dans une impasse sur des routes rubanées d'un blanc fantomatique à la lumière des étoiles, sur le chemin du retour vers mon jardin - et nous sommes arrivés sains et saufs, et le chauffeur avait son magnum (c'est-à-dire sa part) - je ne pouvais m'empêcher de me dire :

"Oui, c'est bien d'être jeune et dynamique , mais c'est mieux d'être soi-même."

www.ingramcontent.com/pod-product-compliance
Lightning Source LLC
LaVergne TN
LVHW041446170726
843492LV00008B/2845